Louis **CHALMETON**

DE L'ACADÉMIE DE CLERMONT, DE LA SOCIÉTÉ DES GENS DE LETTRES, &.

LA MORT C'EST LA VIE !

DIALOGUE EN VERS

Lu à l'Académie de Clermont le 6 janvier 1876.

CLERMONT-FERRAND

IMPRIMERIE FERDINAND THIBAUD, LIBRAIRE

Rue Saint-Genès, 8-10.

1876

LA MORT C'EST LA VIE !

DIALOGUE EN VERS

DU MÊME AUTEUR

POÉSIES

Heures de Loisirs, 1 volume in-12.
Isolements, 1 volume in-12.
La Mission du Poëte, 1 brochure in-12.
A Ceux qui ont renié leur Mère, 1 brochure in-12.
Pages d'Histoire — Strophes et Sonnets, 1 brchure in-12.
La Revanche, 1 brochure in-12.
Pensées et Sourires, 1 volume in-12.
Bibliographie, 1 brochure in-12.
Le Puy de Dôme en 1875, 1 brochure in-12.
La Mort c'est la Vie, 1 brochure in-12.

THÉATRE

Une bonne Fortune, comédie en deux actes et en vers.
Entre Mari et Femme, bluette en un acte et en vers.
La Carte de Visite, comédie en trois actes et en vers.
Une Ruse de Femme, comédie en trois actes et en vers.
Qui se ressemble s'assemble, proverbe en un acte et en vers.
Il ne faut jamais dire Fontaine, proverbe en un acte et en vers.
Pour et contre, prologue en un acte et en vers.
Il ne faut pas courir deux... Veuves à la fois, comédie proverbe
    en 1 acte et en vers.

PROSE

De l'Unité économique et politique en Europe, 1 brochure in-12.

Louis CHALMETON

DE L'ACADÉMIE DE CLERMONT, DE LA SOCIÉTÉ DES GENS DE LETTRES, &.

LA MORT C'EST LA VIE !

DIALOGUE EN VERS

Lu à l'Académie de Clermont le 6 janvier 1876.

CLERMONT-FERRAND

IMPRIMERIE FERDINAND THIBAUD, LIBRAIRE

Rue Saint-Genès, 8-10.

1876

A JULES SIMON

DE L'ACADÉMIE FRANÇAISE

AVANT-PROPOS

La mort est, à coup sûr, le plus intéressant phénomène physiologique soumis aux méditations de l'homme !

Qu'est-elle, en effet ?

Une disparition *absolue* ou *relative*, *définitive* ou *momentanée ;*

Dans les deux hypothèses, que deviennent réciproquement l'*esprit* et la *matière*, unis durant ce qu'on appelle la Vie, disjoints après ce qu'on appelle la Mort ?

De nombreuses théories ont été, à cet égard, formulées.

Je vais avoir l'honneur d'exprimer la mienne.... en vers, ma forme préférée.

Scientifiquement, je ne suis ni un métaphysicien, ni un théologien, ni un philosophe, mais seulement un rêveur ! tâchant d'approfondir les choses librement et par lui-même, sans rien emprunter pour cela aux opinions d'autrui.

La Mort c'est la Vie ! c'est-à-dire, au point de vue divin, tel que je le comprends : l'*Immortalité !*

L'une de mes lectures de 1874 : *Panthéos*, dédiée à mon excellent ami *Laurent Pichat*, présente avec celle-ci quelques points de contact.

Dans le premier travail, j'ai mis en regard le *Divin* et l'*Humain*.

Dans le second, je juxtapose la *Vie* et la *Mort*, et mes deux conclusions sont identiques.

Elles pourraient se résumer par un grand mot : *Excelsior !*

Qui de nous, en effet, n'entend pas une voix intérieure et permanente, lui dire : *Plus haut, plus haut encore !*

Ce dialogue a été offert à M. *Jules Simon* qui, par la lettre suivante, a bien voulu en accepter la dédicace.

« Cher Monsieur,

» Je vous remercie de m'avoir dédié vos beaux vers et » je vous remercie, aussi, du souvenir affectueux que vous » me gardez depuis si longtemps.

» Vous avez raison, mourir c'est vivre; mais j'ajoute : » avoir des amitiés fidèles c'est vivre aussi.

» Tout à vous.

« Jules Simon. »

Le sujet n'en est pas gai ; mais entre la gaieté et la tristesse une place ne pourrait-elle pas être réservée à la mélancolie, impression nullement répulsive, selon moi, et qui, mêlant quelques rayons à ses ombres, laisse pénétrer jusqu'à nous les consolations de l'espérance.

L. C.

LA MORT C'EST LA VIE !

DIALOGUE EN VERS

L'Homme — La Mort.

(Un cimetière éclairé par la lune. — L'homme est accoudé sur une tombe.
La mort paraît. — Robe traînante et long voile noir).

L'HOMME (apercevant la Mort).

O sombre Mort ! qu'es-tu ?

(A la Tombe).

Mystérieuse tombe,
Quel est ton dernier mot ? L'homme, quand il y tombe,
Trouve-t-il, dans ta nuit, les rayons d'un soleil ?
Son immobilité froide a-t-elle un réveil ?
Ou bien, d'ombre vêtu, couché dans une bière,
Son corps doit-il rester à tout jamais poussière ?
Au ver livré, n'avoir pour but que le néant,
Et mourir tout entier ?

LA MORT.

Non.... ! Un mot effrayant
Mais que tu comprends mal ! — Un nuage qui passe
Et ne fait qu'obscurcir ! — Une main qui n'efface

Les choses du présent que pour les remplacer,
Un moteur éternel que rien ne peut lasser,
Un mouvement constant!... Telle suis-je; la Vie
Est l'un des grands côtés de ton âme ravie;
Mais sans l'autre, sans moi, tout serait arrêté,
Et c'est la Mort qui fait vivre l'humanité!
L'enfant naît! l'aïeul meurt!... Balance inévitable,
Pondération dont la nature est comptable;
Quand l'un vient, l'autre va, pour aller à son tour,
Et qu'est la Mort? Sinon cet incessant retour,
De ce qui disparaît pour reparaître encore?
Le soleil du matin est imprégné d'aurore!
Ses rayons empourprés s'obscurcissent le soir;
En existent-ils moins quand l'horizon est noir?
Non!... Ainsi de la Vie, et qu'est-elle? Un mélange
Harmonieux de tons, un clair obscur étrange,
Mais elle *est !*... Et malgré les tombeaux apparents,
Nuls en réalité; je rends ce que je prends!
Car *rien* n'existe pas! Car il en est de l'homme
Comme du feu, de l'eau, des éléments; en somme,
Où tout est pondéré, dont rien impunément
Ne pourrait être en moins, sans que fatalement
L'équilibre rompu des effets et des causes,
Ne le fît s'effondrer, l'édifice des choses!
Donc, l'homme est immortel! ce qu'il possède en lui
Ne s'anéantit pas; un constant *aujourd'hui*

Domine ses *hier* et ses *demain* ; son âme,
Rayon pris au foyer de l'éternelle flamme,
Ne s'éteint pas ; elle a *Dieu* pour la maintenir !
Dieu, c'est-à-dire, tout ! le présent, l'avenir,
Le passé, *Dieu* la loi, *Dieu* la force des choses !
Dieu, le rayon du ciel, *Dieu*, le parfum des roses !...

L'HOMME (l'interrompant).

Mais la matière meurt !

LA MORT.

Non, non, grâce à l'esprit
Ce condiment divin, d'elle rien ne périt !
Le corps paraît tomber, mais l'esprit le relève.

L'HOMME (indiquant la tombe).

Une pierre le couvre !

LA MORT.

Une main la soulève
Et mêlée aux lueurs vivantes d'un flambeau,
Une céleste voix réveille le tombeau !....

L'HOMME (rêveur).

Une voix ?....

LA MORT (tendrement).

Tes douleurs sont par elle apaisées !

L'HOMME.

Oui !.... Quelquefois, souvent, je livre à mes pensées

L'infini, l'inconnu, l'invisible!.... Une voix
Bienfaisante, alors, vient me révéler les lois
D'un monde surhumain?....

LA MORT.

Et cette voix, qu'est-elle?

L'HOMME.

Je l'ignore!... Pourtant, je l'entends qui m'appelle
Et je l'écoute avec un doux ravissement!
En dépit de mes sens, j'apprends d'elle comment,
Quoique le *relatif* seul soit ce que voit l'homme,
Il doit à l'*absolu* toujours aspirer, comme
Le ruisseau, la rivière et le fleuve, en suivant
Leur cours, vont à la mer!... Mon âme en s'élevant
De plus en plus, perçoit l'immensité des choses,
Leurs transformations et leurs métamorphoses!
Je ne définis pas ces énormes pourquoi
Dont ma raison ne peut analyser la loi;
Je ne les comprends pas; mais, que sais-je?... Peut-être?...
Et la voix continue!... Elle me dit que naître
C'est commencer le *bien* pour aboutir au *mieux*,
Que dans nos doux berceaux, agents mystérieux!
Nous trouvons un espoir triomphant pour nos tombes!
Que de ces lieux d'épreuve, obscures catacombes,
Où s'épure la vie, un jour nous sortirons

Pour gravir des sommets rayonnants ; que nos fronts
Y recevront le sceau d'une autre destinée !...

(S'interrompant avec terreur).

.... Mais, la matière, hélas ! au néant enchaînée !...
Ne me trompes-tu pas, brillante vision ?

(Avec désespoir).

Triste erreur !... Oui le corps, en dissolution ,
Reste à la terre, au ver, dont il est la pâture !
.... Rien de plus !...

LA MORT.

Quoi ! déjà la plainte, le murmure ?
Homme oublieux !... Ainsi la révélation
Qui te charmait hier, ... n'est qu'une illusion
Et le sombre néant reprend , dans ta pensée ,
Son droit au désespoir et sa place insensée !

L'HOMME (avec emportement).

Le néant ? le néant ?... Cruelle..., mais en toi
Que pourrais-je donc voir qui ne soit pas sa loi ?
La mort n'est-elle pas la nuit et le silence ?

LA MORT.

Non !... Jette donc les yeux sur l'univers immense ;
Vois ?... La vie est partout !... En dépit de mon nom !
Interroge, et toujours on te répondra : Non !

Non, la mort n'est qu'un mot et tu la calomnies !
A-t-elle donc perdu ses douces euphonies,
La terre ? (*alma mater*) ! « Le silence et la nuit
» Sont ce qui fait la mort ! » Homme ingrat, m'as-tu-dit !
Ecoute, écoute donc les voix de la nature :
Là le souffle du vent, et plus loin, le murmure
Du ruisseau, du zéphire ; ici les flots amers
S'entrechoquent !... Ailleurs, la forêt d'arbres verts
S'agite et reproduit les bruits de la tempête !
Tout rayonne, s'émeut, et la vie est complète :
L'oiseau chante, la fleur émaille le gazon,
L'automne, le printemps, l'été ; chaque saison
A sa beauté !... L'hiver, sous son manteau de givre,
De glace et de frimas, paraissant ne pas vivre,
Malgré le froid linceul qui le couvre aujourd'hui,
Sent bondir les ardeurs qui bouillonnent en lui !
Car il vit, cet hiver auquel on me compare,
Il vit.... avec amour !... Son flanc rêveur prépare
Tout un monde de fleurs pour le printemps vermeil,
Les moissons, qu'en été mûrira le soleil,
Pour l'automne les fruits !... dans ton âme saisie
Ne la répand-il pas, sa grande poésie ?
Les arbres dépouillés de feuilles, n'ont-ils pas,
Après les arbres verts, leurs austères appas ;
La neige, ce tapis argenté qui remplace
Les fleurs et les moissons ; le lac, plaine de glace

Immobile, où naguère ondoyaient les flots verts,
Manquent-ils d'idéal ? Et par ses doux concerts
D'oiseaux, le gai printemps a-t-il plus d'éloquence
Que notre hiver, dans son majestueux silence ?...

(Avec ironie).

Non !... Et tu le sais bien, que la vie est partout,
Que partout, un volcan à l'état latent, bout ;
Que rien ne meurt, pas plus l'esprit que la matière !...

(Victorieusement).

Et c'est moi qui, pour toi, viens jeter la lumière
Sur ces grands horizons de l'homme ?...

L'HOMME (avec effusion).

Oh, je te crois !

Tu me parles, ainsi que me parlait la voix !
Oui !... Mais l'*esprit*, qu'est-il ? la *matière* qu'est-elle ?

LA MORT.

La *matière* et l'*esprit*?.... Question éternelle !
Problème qu'à jamais l'homme se posera
Sans pouvoir le résoudre ; et qui toujours sera
L'inconnu, l'incompris pour son intelligence !
Tu veux pourtant savoir de lui ce que je pense ;
Tu consultes la nuit à propos du rayon !
Ecoute !... L'univers, c'est l'intime union
De tout ! *matière, esprit*, sont mêlés dans l'espace,

Mais un ordre parfait y tient tout à sa place ;
Car la logique en est la règle !... Tout y vit,
Rien n'y meurt !.... Le néant, je te l'ai déjà dit,
Est, du vaste univers, l'antithèse constante !
Un souffle permanent que l'on te représente
Comme étant *Dieu !* (*Dieu* donc) ! anime tour-à-tour
L'homme et les animaux ! Il met en eux l'amour,
C'est-à-dire la loi qui conserve et propage !
(Cette loi, c'est la vie incessante) ! — Au nuage
Elle donne le vent ! — La sève au végétal,
Un équilibre exact à l'astre, au minéral,
Et l'onde trouve, en elle, une pente assurée
Pour couler ! — Des hauteurs de l'immense Empyrée,
Le soleil immobile, autour de lui répand
La clarté, la chaleur, principe fécondant,
Foyer conservateur des corps, de la matière
Qui, sans lui, périraient et deviendraient poussière !
L'homme, de cet ensemble est le faîte ; il a seul
La liberté d'agir en dehors du linceul
Que la nature impose à tout ce qu'elle enfante :
L'animal n'en a pas l'allure triomphante ;
Un cercle étroit l'entoure et limite ses pas ;
Le végétal, au sol rivé ne se meut pas ;
Seul l'homme *veut* et *peut !*... de là la différence
Entre ce qui végète et vit, et ce qui pense ;
De là l'*âme* ou l'*instinct* ; mais en somme l'*esprit*,

Ce grand condensateur, grâces auquel tout vit,
Car sa source immortelle est l'union des choses
Autrement dit : *Dieu ?*

L'HOMME.

        Mais de ces métamorphoses
De l'univers, dont l'homme est le brillant sommet
De la loi par laquelle il naît, meurt et renaît,
De cette liberté, son apanage auguste,
Pourra-t-il résulter le bonheur pour le juste?
Le méchant sera-t-il logiquement puni?
Les distinguera-t-on mêlés à l'infini?
De leur identité quelle sera la preuve?
La voix me le disait! « Les tombes, lieux d'épreuve! »
Quand nous en sortirons, quel sera notre sort?
Par l'orage battus, atteindrons-nous le port?
Dieu séparera-t-il le bon grain de l'ivraie?

LA MORT (avec foi).

De ce problème obscur, pour que rien ne t'effraie,
Espère et crois!... D'ailleurs, sans te préoccuper
Des systèmes divers qui pourraient te tromper!
Aime!... Du mot amour, naît la vérité même!
Et quand aura pour toi sonné l'heure suprême,
Quand je t'apparaîtrai, sans crainte, réponds-moi :
« Le beau fut mon principe et le grand fut ma foi!

» Vers le juste et le bon , je n'ai cessé de tendre !

» En moi, la voix du bien s'est toujours fait entendre ,

» Et j'ai haï le mal, j'ai trouvé dans l'honneur

» Mes aspirations de joie et de bonheur !

» J'ai vécu sans avoir jamais noirci ma vie

» D'ombres et de remords; des tourments de l'envie

» Je n'ai jamais souffert, et j'ai beaucoup aimé ! »

Tu n'en mourras pas moins, alors; mais, animé

Par un souffle nouveau, tu sentiras ton âme

Renaître et rayonner d'une nouvelle flamme !

Tu grandiras !... Le ciel découvrira pour toi

De nouvelles splendeurs ! L'inévitable loi

Du *mieux* après le *bien*, du jour après l'aurore

Sera ta loi ! Grandi, tu grandiras encore !

Et distançant tous ceux qui, moins heureux que toi,

N'ont pas eu ton amour, ton espoir et ta foi,

Tu les précéderas dans la voie infinie

Qu'ils prendront tous enfin ; car la *Mort c'est la Vie !*

(La Mort s'éloigne. — L'Homme tend les bras vers elle).

18 septembre 1873.

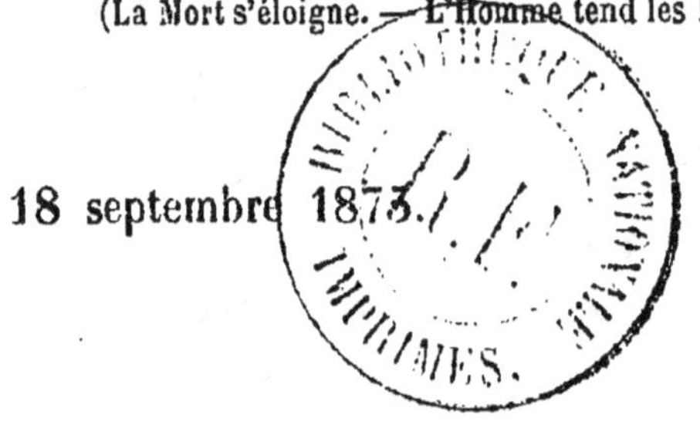

Clermont, typ. Ferd. Thibaud.

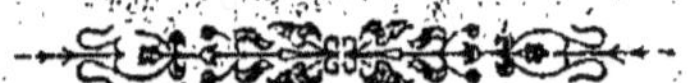